P. de PARDIELLAN

LES
LANGUES ÉTRANGÈRES

ET LEUR PRATIQUE

DANS LES GRANDES ARMÉES EUROPÉENNES

« ...... On ne m'a jamais ensei
gné aucune langue étrangère : sou
vent, dans ma carrière, je l'ai re
gretté et j'ai reconnu l'influence que
peut avoir sur la fortune d'un jeune
officier la connaissance des langues
vivantes. Cette connaissance est
aussi une source de jouissances pour
lui. » (Maréchal MARMONT, Mémoires.)

PARIS   LIMOGES
11, Place St-André-des-Arts, 11   46, Nouvelle route d'Aixe, 46
IMPRIMERIE ET LIBRAIRIE MILITAIRES
Henri CHARLES-LAVAUZELLE
Éditeur.
—
1892

Librairie militaire Henri Charles-Lavauzelle

Paris, 11, place Saint-André-des-Arts.

LES
LANGUES ÉTRANGÈRES

ET LEUR PRATIQUE

DANS LES GRANDES ARMÉES EUROPÉENNES

P. de PARDIELLAN

LES

LANGUES ÉTRANGÈRES

ET LEUR PRATIQUE

DANS LES GRANDES ARMÉES EUROPÉENNES

« . On ne m'a jamais enseigné aucune langue étrangère souvent, dans ma carrière, je l'ai regretté et j'ai reconnu l'influence que peut avoir sur la fortune d'un jeune officier la connaissance des langues vivantes Cette connaissance est aussi une source de jouissances pour lui » (Maréchal MARMONT, Mémoires.)

| PARIS | LIMOGES |
| 11, Place Saint-André-des-Arts. | 46, Nouvelle route d'Aixe, 46. |

IMPRIMERIE ET LIBRAIRIE MILITAIRES

Henri CHARLES-LAVAUZELLE

Editeur

1892

C.

INTRODUCTION

Le programme des cours de toutes les écoles militaire en Europe comporte l'étude d'une langue étrangère.

En France, c'est l'allemand.

En Allemagne et en Autriche, c'est le français et le russe.

En Italie et en Russie, c'est le français et l'allemand.

A propos du voyage pédestre d'un officier de cosaques à Paris, le *Petit Journal* et différentes feuilles militaires ont constaté, avec amertume, que très peu de nos officiers possédaient l'allemand. On est parti de là pour démontrer que tout était au plus mal dans notre armée.

La présente publication a pour but : 1° de donner quelques indications sommaires sur l'enseignement des langues dans ces divers pays ; 2° de montrer que la situation est à peu près la même dans toutes les armées ; que si beaucoup d'officiers français ne savent pas l'allemand ou l'italien, ou le russe, etc., etc., il en est beaucoup dans les autres armées européennes qui parlent également leur seule langue nationale. Toutefois, si la proportion d'officiers étrangers sachant le français est un peu plus forte, il faut attribuer ce phénomène à la considération dont il jouit en dehors de nos frontières.

Sans parler de la Russie, où toutes les personnes de la société en font un usage presque constant, il convient de signaler la faveur dont elle est honorée en Allemagne et en Autriche. La connaissance du français y est la pierre de touche de l'éducation et de l'instruction des gens. Il suffit, pour s'en convaincre, de passer quelques jours dans une

ville d'eaux allemande ou dans l'une des stations balnéaires
de la Belgique ou de la Hollande.

Dame ! ce n'est pas le français tel qu'on le parle chez
nous. Oh non! Comme par une dernière vengeance incons-
ciente, tout ce monde écorche notre langue a en faire frémir
Bossuet dans sa tombe.

Malgré cet engouement général, il existe dans l'armée
allemande une bonne moitié des officiers ne sachant pas
un traître mot de français. La suite de ce travail le démon-
trera d'ailleurs surabondamment.

———

LES
LANGUES ÉTRANGÈRES
ET LEUR PRATIQUE
DANS LES GRANDES ARMÉES EUROPÉENNES

———

FRANCE

Nos principales écoles militaires sont : l'Ecole spéciale militaire de Saint-Cyr, l'Ecole d'application de cavalerie (Saumur), l'Ecole d'application de l'artillerie et du génie (Fontainebleau), l'Ecole supérieure de guerre, l'Ecole militaire d'infanterie (Saint-Maixent), l'Ecole militaire de l'artillerie et du génie (Versailles), l'Ecole d'administration (Vincennes) et, si l'on veut, l'Ecole polytechnique.

Saint-Cyr.

L'auteur qui écrit sous le pseudonyme de A. Teller (1) nous donne un aperçu très humoristique, mais certainement vrai, de l'enseignement des langues tel qu'il était pratiqué à Saint-Cyr, quelques années avant la guerre.

« Les langues allemande et anglaise étaient les seules qu'on étudiât à Saint-Cyr.

» Chaque cours était divisé en trois sections : les sections A. B, C.

———

(1) *Souvenirs de Saint-Cyr*, chez Lavauzelle.

» La section A recevait les élèves les plus instruits, la section B ceux de force moyenne, la section C ne comprenait que les plus faibles.

» Dès l'arrivée à l'Ecole, en première année, on expliquait tout cela aux recrues, et on leur demandait à quel cours et à quelle section ils désiraient appartenir. Ceux qui espéraient et voulaient apprendre quelque chose ne manquaient pas, si leurs connaissances linguistiques étaient peu étendues, de se faire inscrire à la section C : ce fut le parti que je pris.

» Je suivis ainsi le cours d'allemand, en première année, croyant, de bonne foi, que les professeurs étaient à l'Ecole pour nous enseigner ce que nous ignorions. L'avenir devait me démontrer combien je me trompais.

» Je puis affirmer que je fis de mon mieux pour apprendre l'allemand à la section C : je comptais sans les grammaires et sans les méthodes.

» Au mois d'avril de ma première année d'Ecole, je fus chassé ignominieusement de la section C, avec nombre d'autres, comme n'étant pas assez fort pour suivre le cours, avec fruit, jusqu'à la fin de l'année.

» Ce résultat était d'autant moins encourageant que plusieurs de ceux que le *corps de pompe* avait conservés dormaient consciencieusement pendant la durée des leçons.

» Ce fut alors qu'un de mes *cos* me promit, ainsi que je l'ai raconté autrefois, de me donner un *truc* très simple, et que je n'aurais qu'à appliquer au moment où nous entrerions en seconde année.

» Ce *truc* va donner une idée du soin avec lequel le *corps de pompe* surveillait les cours de langues étrangères.

» Aussitôt rentrés à Saint-Cyr, on nous redemanda quel était le cours que nous désirions suivre et dans quelle section nous voulions nous faire inscrire.

» Je me hâtai de consulter mon camarade qui me tint le discours suivant :

» — Tu n'as qu'à te faire inscrire à la section A. C'est ***
qui est chargé de cette section en sa qualité de professeur en
chef, et il n'admet pas que ses élèves ne soient pas considérés
comme très forts. Aussi tu n'as rien à craindre : une fois inscrit, tu resteras. Enfin, si tu es capable de suivre le cours
sans dormir, mets-toi au premier banc, aie l'air d'écouter ***,
comme un oracle et tu *coteras ce jus*.

» J'objectai que l'on devait bien savoir que l'année prece-
dente j'avais été renvoyé de la section C pour mon défaut de
science. Mon *co* me répondit que je n'étais qu'un *melon
saumâtre*, qu'un *kosaque* dont on ne ferait jamais rien, et me
gratifia d'autres aménités affectueuses.

» Son éloquence me persuada.

» Je me fis inscrire au cours d'allemand, section A, bien
que ma science fût devenue à peu près nulle, et personne ne
s'enquit de mes antécédents polyglottes.

» Je m'établis au premier banc en face de ***, et je n'eus
garde de dormir, le professeur m'offrant un sujet d'observa-
tion des plus amusants.

» Il avait une de ces têtes grimaçantes comme on en
sculpte sur les pipes, les cannes ou les casse-noisettes de la
Forêt-Noire, et il hachait l'allemand avec une énergie incom-
parable. Il accentuait les mots de telle sorte qu'on eût dit
veritablement qu'il dégobillait des engrenages. Je demande
grâce pour cette expression, la seule qui rende bien ma
pensée et qui donne une idée exacte de la prononciation du
professeur, homme fort instruit, mais n'ayant pas le don
d'inculquer aux autres la science qu'il possédait.

» Ainsi que mon obligeant ami me l'avait annoncé, je restai
en paix à la section A.

» Aux examens de fin d'année, j'obtins une note honorable,
tout simplement parce que je me trouvais classe parmi les
forts. Qu'on dise donc que l'habit ne fait pas le moine !
Quant à l'allemand j'en savais moins que jamais.

» Il est à supposer que cela a changé. Mais si, par hasard,

l'état de choses que je viens de décrire existait encore, j'avoue que je n'en serais pas autrement surpris ».

Il n'y a pas eu grand'chose de changé depuis, effectivement. Après la guerre, l'enseignement de l'allemand fut confié moitié à des civils moitié à des militaires ; puis au bout de quelque temps, ces derniers furent éliminés et définitivement remplacés par des professeurs appartenant à l'Université.

Cette réforme a-t-elle été heureuse ?

Il suffit de voir les résultats obtenus pour se convaincre que non. Le contraire aurait été étonnant.

Les methodes employées par lesdits professeurs civils à Saint-Cyr ne sont autres que celles adoptées par les lycées et les collèges. Elles sont défectueuses car elles tendent à apprendre aux jeunes gens les langues vivantes par les procédés appliqués a l'étude des langues mortes. Ces methodes reposent toutes sur les deux mêmes bases : le thème et la version, à l'exclusion de tout exercice de conversation. L'expérience a démontré depuis longtemps qu'un jeune homme reçu bachelier ès lettres, avec la mention *très bien*, est absolument incapable de soutenir une conversation en latin ou en grec ; elle a également prouvé que le même jeune homme ne saura pas se faire comprendre d'un Allemand. Donnez-lui, par contre, à traduire un passage de *Hermann et Dorothée* ou de *Guillaume Tell*, il fera merveille. Ces deux œuvres sont assurément fort belles ; malheureusesement elles sont à l'allemand de nos jours ce que le français de Molière ou de Bossuet est à celui de M. Zola.

Il résulte de là ce double inconvénient que les jeunes gens ne savent pas parler et surtout qu'ils ne comprennent pas un mot de la langue d'aujourd'hui. Mettez-leur sous les yeux une feuille du jour, ils restent *baba*.

Mais, au point de vue militaire proprement dit, le système actuellement en vigueur est encore defectueux à un autre titre. Malgré leur bonne volonté, les professeurs *civils* ne peuvent pas savoir tous les termes professionnels dont la connaissance est indispensable aux officiers. De plus, *n'ayant jamais été eux-mêmes soldats*, ils ne peuvent se rendre compte des circonstances dans lesquelles le militaire est appelé à faire usage de l'allemand.

Enfin il est nécessaire que le professeur d'allemand chargé d'instruire des officiers ou des élèves-officiers sache, au besoin, leur donner quelques explications ou éclaircissements, au sujet de la tenue des troupes, de leur organisation, de leurs procédés tactiques, etc., etc. Or combien s'en trouvera-t-il en état de le faire, en dehors du vénéré professeur *titulaire* de Saint-Cyr? Pas un !

Sans vouloir engager la moindre polémique, ni faire de questions de personnes, il serait facile de citer l'exemple de tel de ces professeurs connu par ses *traductions* aussi nombreuses que pleines, de contre-sens, ou de tel autre qui affirme (1) (page 146, note 5) que : « Les lieutenants sont rarement montés dans l'infanterie allemande. » Mais cet accroc à la vérité des faits est permis dans ce récit fantaisiste.

Voyez un peu d'ici la situation dans laquelle se trouve fatalement le pauvre saint-cyrien ! Au cours d'art militaire ou de législation, à l'article : *Organisation des armées étrangères*, on lui dit :

« Il y a *par régiment d'infanterie* à trois bataillons : 1 lieutenant *monté* qui s'appelle RÉGIMENTS-ADJUTANT (adjudant-major du régiment ou, si l'on préfère, officier adjoint au colonel) et 3 seconds lieutenants *montés*, portant le titre de BATAILLONS-ADJUTANT (adjudant-major de bataillon). »

Qui doit-il croire, le pauvre *melon ?* Le professeur militaire ou le civil ? Cent fois pour une c'est l'opinion de ce dernier qui l'emportera. Et comment pourrait-il en être autrement ? Il est si fort en allemand, il sait par cœur la nomenclature

---

(1) *Littérature allemande contemporaine*, chez Ollendorff, 1890.

complète du fusil Mauser, depuis la *Oberringswarze* (1) jusqu'au *Kasten* (2) ! Comment ne saurait-il pas qu'il y a des
lieutenants d'infanterie montés ?

Quelque temps après, le brave *melon* passe en *colle ;* l'in-
terrogateur lui demande quels sont les officiers montes dans
l'infanterie allemande. Naturellement, il cite les officiers
supérieurs, les capitaines et les médecins.

— Après ? M'sieur !

— C'est tout, mon capitaine.

— Non, M'sieur, etc., etc.....

Le lecteur deduira lui-même le restant de l'interrogation,
d'où le melon sort avec une note minima, qu'il n'aurait pas
eue si son professeur d'allemand avait été un militaire.

A Saint-Cyr, pas plus qu'ailleurs en France, l'allemand
n'est en vogue. Les élèves vont à ce cours parce qu'il est
obligatoire, mais avec l'intention bien arrêtée d'en faire le
moins possible et de saisir la première occasion venue de
rire aux depens de la langue, ou du professeur, ou des deux
à la fois. Mais Saint-Cyr est un établissement d'ou la gaiete
est bannie. L'hilarité ayant un jour été trop forte, pendant une leçon du célèbre *traducteur,* à propos du mot allemand correspondant à *fourrage,* les professeurs civils furent
doublés d'un adjudant chargé de maintenir la discipline
(*die Mannszucht*). Est-il necessaire de dire que cela n'a pas
du tout contribué à augmenter la popularité de l'allemand
et de ceux qui ont à l'enseigner ?

Voilà encore un inconvénient qui serait évité avec des
professeurs militaires.

Et, enfin, au point de vue économique, n'aurait-on pas
avantage à prendre des officiers ?

La chose est si claire, si évidente qu'il est inutile de se
lancer dans la moindre discussion à ce sujet.

---

(1) Le tenon taraudé de l'embouchoir.
(2) Le corps du pontet.

En résumé, il sort tous les ans de Saint-Cyr *quelques offi-ciers* parlant convenablement l'allemand, *mais ils le savaient déjà avant d'entrer à l'Ecole*. La grande majorité des élèves possèdent quelques bribes, qu'ils s'empressent d'oublier dès leur arrivée au régiment.

Saumur.

A Saumur, l'emploi de professeur d'allemand est tenu par un officier, dont le rôle est de perfectionner ses jeunes camarades dans cette langue. Toute personne non prévenue avouera que c'est une tâche bien ingrate de perfectionner les gens dans une connaissance qu'ils ne veulent pas posséder. Dans ces conditions, il est clair que le professeur en question ne peut, malgré tous ses efforts, malgré sa bonne volonté, arriver à un résultat palpable.

Ecole polytechnique.

Ici comme à Saint-Cyr, les professeurs appartiennent à l'Université.

Thème. Version.

Version. Thème.

Dans chaque salle, le plus fort en allemand fait le travail ; puis les autres le copient sans la moindre vergogne, sachant bien que le nom écrit en tête de la version ou du thème vaudra une plus ou moins bonne note à l'élève, suivant que ce dernier s'appellera : Heckedorn, Schwaneboell, etc., etc., ou Rastignac, Bousquet, etc., etc. Tel professeur de Fontainebleau, ancien élève de l'Ecole polytechnique, mais mauvaise langue malgré cela, citait un jour le cas d'un de ses camarades de promotion : Lehmann par exemple, qui était sorti de là-bas avec 17 de moyenne en allemand. Or le dénommé Lehmann était originaire de Perpignan et ignorait le premier mot de la langue de Schiller et de Gœthe.

Fontainebleau.

A Fontainebleau, tous les professeurs sont militaires. L'enseignement est dirigé depuis vingt ans par le même officier supérieur et donné par des officiers subalternes recrutés dans toutes les armes par voie de concours.

Les résultats obtenus semblent bons. En tout cas, la moyenne de l'instruction n'est pas inférieure à celle des autres écoles militaires, puisque, tous les ans, les officiers sortis de cette Ecole figurent en quantité respectable sur la liste des admis à l'Ecole de guerre. Or l'allemand a un coefficient très élevé pour ces examens-la.

Saint-Maixent.

Pas de professeur d'allemand.

Versailles.

Pas de professeur d'allemand.

Vincennes.

Pas de professeur d'allemand.

Saumur (élèves-officiers).

Pas de professeur d'allemand.

Ecole supérieure de guerre.

Là nous voyons deux professeurs militaires et deux civils (1), mais le titulaire du cours est un officier supérieur. Cela revient à dire que la direction est nettement empreinte

---

(1) Dont l'un est un ancien officier.

d'un esprit militaire. L'éminent et regretté commandant K..., l'initiateur de ce cours a l'Ecole de guerre, lui a donné l'impulsion qu'il fallait. Rompant carrément en visière aux errements universitaires, il avait adopté un système à lui, continué par ses successeurs et qui donne les meilleurs résultats. Aussi bien le spectacle de capitaines et de lieutenants déjà anciens, faisant des thèmes et des versions, n'aurait-il pas amené le sourire sur les lèvres du plus fanatique?

Un article de journal (de nationalité quelconque), l'événement du jour, ou les projets du lendemain forment le sujet d'une conversation entre le professeur et ses élèves. On cause, on entend causer, on se forme à la fois la langue et les oreilles, et au bout des deux années d'école on est très étonné de se trouver en état, non pas d'entretenir avec un professeur allemand une discussion suivie sur *l'impératif catégorique*, ou sur le *moi* et le *non-moi*, mais de demander les renseignements nécessaires. C'est déjà bien beau.

Pour terminer la partie relative à la France, il importe de condenser en quelques mots les principaux desiderata :

1° Nécessité de remplacer dans les écoles militaires les professeurs de langues civils par des officiers;

2° Nécessité pour les professeurs militaires de bannir formellement de leur enseignement les procédés en honneur dans l'Université. Les élèves officiers entrent dans les écoles, saturés de grammaire, de thèmes et de versions, mais incapables de converser. Ne leur faire faire que des exercices oraux, sans le moindre texte sous les yeux. Dressage unique de l'oreille et de la langue ;

3° Si la connaissance des langues étrangères, de l'allemand en particulier, est utile, mettre tout en œuvre pour extirper l'aversion native que le Français éprouve pour elles et surtout pour cette dernière.

Dorer la pilule autant que possible, puisque pilule il y a. Choisir des heures convenables pour les cours; ne pas les mettre à 6 heures du matin en hiver, ni à 3 heures de l'après-midi en été.

On ne prend pas les mouches avec du vinaigre.

L'allemand a toujours été mal porté chez nous; peut-être l'est-il encore un peu plus depuis 1870. C'est d'autant plus excusable, que Frédéric le Grand n'aimait pas cette langue et que Charles-Quint (il était cependant empereur d'Allemagne) prétendait ne la parler qu'à ses chiens.

ALLEMAGNE

Ici, la situation change radicalement. Un Allemand, quel qu'il soit, a plus de facilités pour apprendre le français (moins les nuances) que l'on en a chez nous pour s'assimiler la langue allemande. Celle-ci est rude au parler, elle a des constructions absolument opposées aux nôtres, elle est obscure ; en un mot, elle est l'antipode de la nôtre en particulier et en général de presque toutes celles qui se parlent dans les pays civilisés.

Mais cette aptitude à l'étude des langues tient aussi à une autre cause, d'ordre purement psychologique : l'Allemand est un être impersonnel ; c'est une matière très malléable, qu'on peut pétrir à sa guise et qui garde toujours la dernière empreinte, c'est-à-dire celle du pays que l'individu a habité ou habite en dernier lieu. En Amérique, il devient Américain, en Alsace il devient Alsacien et vote pour les députés protestataires ; à Haïti, il devient Haïtien ; toutefois, il garde son teint, malgré lui assurément ; en Bohème, il se fait Tchèque ; en Hongrie, Magyar ; en Frioul, Italien, etc.

Goethe, le grand poète allemand, a dit :

« Blut ist ein ganz besonderer Stoff (1). »

Mais il n'a pas été compris ; il ne le sera même probablement pas de sitôt.

Lorsque le roi Humbert fit sa visite à Berlin, une dame de la ville lui offrit un bouquet et lui récita une pièce de vers en italien. Le monarque lui adressa quelques chaleureuses paroles de remerciement en italien. La pauvre femme dut

---

(1) Le sang est un suc tout particulier. (*Faust*.)

avouer qu'elle n'en comprenait pas un traître mot. *Non capisco.* Voilà tout ce qu'elle sut dire.

L'empereur Frédéric a été à Florence et Guillaume II à Rome. Personne là-bas n'a eu l'idée de venir leur réciter une machine en allemand.

Le jeune souverain, qui se pose en protecteur de la langue et des coutumes, a bien eu, lui aussi, quelques déboires du du même genre avec son cousin l'empereur de toutes les Russies et avec son *frère* Humbert. Il a bourré ce dernier de plats tudesques, d'après des menus rédigés en allemand, mais cela ne l'a pas empêché, une fois au rôti, de porter un toast en italien à Umberto, qui lui répondit dans la même langue, quoique sachant l'allemand comme père et mère.

Tout Allemand ayant tant soit peu d'instruction s'empresse de substituer, partout où il le peut, un mot étranger au mot correspondant de sa langue maternelle (1).

Pourquoi? Est-ce pour faire parade de science? Est-ce par aversion pour la langue de ses aïeux? Mystère!

Schiller a dit *que les Allemands sont le peuple du milieu.* Voilà peut-être encore une autre raison. Ils sont du milieu, soit, mais forment-ils un centre? De répulsion alors!

Après cette digression un peu longue, il serait peut-être bon de revenir au sujet de cet article.

Les officiers allemands apprennent le français dans leurs écoles militaires; ceux destinés à tenir garnison dans les provinces de l'est suivent en outre des cours de russe. Et même cette année, l'empereur Guillaume a obtenu la permission d'envoyer dans le Caucase douze officiers, qui y séjourneront assez longtemps pour pouvoir se perfectionner en russe. Il est probable qu'il a expédié chez nous un détachement du même genre. En tout cas, si le fait n'est pas vrai

---

(1) Le vocabulaire allemand actuel renferme plus de 30,000 (trente mille) mots étrangers *annexés* de cette façon.

maintenant, il l'a été. Un exemple qui sera cité plus loin le prouve d'une façon péremptoire.

Suivant l'importance de chaque *gymnase* (collège), il y a un ou plusieurs professeurs de français, faisant à chaque classe ou catégorie d'élèves un certain nombre de leçons (1) par semaine. Leurs procédés d'enseignement ne diffèrent pas grandement de ceux employés en France ; mais il n'en est pas de même pour les exercices d'application, chose qui n'existe pas chez nous. En dehors des leçons proprement dites, les élèves sont réunis à certains jours fixés et là, pendant une heure ou deux, ils sont obligés de s'exprimer en français, rien qu'en français,

Depuis quelques années, le collège Sainte-Barbe, désireux d'aboutir à un résultat palpable, envoie les *grands* passer un ou deux mois en Allemagne (à Karlsruhe). Le voyage ne profite guère à ces jeunes gens ; ils ne se quittent pas, ne prononcent jamais un mot d'allemand et passent tout leur temps dans les brasseries. Au bout de deux mois, ils rentrent à Paris, n'ayant appris qu'une chose : à avaler très proprement un *ganzer* (grande chope) accompagné d'un *schinken-brœtchen* (espèce de sandwiche).

Dans les écoles de cadets et dans les ecoles de guerre, il y a également des professeurs de français (civils ou militaires). Les programmes des études de ces écoles etant tenus secrets, impossible de dire comment on y enseigne notre langue. Cependant, les livres qui y sont employés, et dont on trouvera des citations plus loin, permettent de tirer quelques déductions à cet égard.

A l'*Académie de guerre* (2), on exige des officiers une connaissance approfondie soit du français, soit du russe ou de l'anglais.

---

(1) Voir page 27.
(2) Qui correspond à notre Ecole supérieure de guerre.

Les examens comportent une version française (avec dictionnaire). En outre le candidat est obligé de remettre un travail rédigé *à domicile,* et en tête duquel *il atteste sur l'honneur qu'il ne s'est fait aider par personne.* Enfin il est tenu de déposer entre les mains du président de la commission une autobiographie en allemand et en français, dans laquelle il doit s'attacher à indiquer aussi nettement que possible la progression de son développement intellectuel ainsi que la façon dont il s'est préparé aux examens d'enseigne porte-épée, puis d'officier.

Les cours de langues étrangères sont professés à l'Académie de guerre par les personnalités les plus marquantes de l'Université de Berlin.

Mais, encore une fois, et on ne saurait assez insister là-dessus, les progrès que les officiers allemands font dans notre langue tiennent moins à la qualité des gens qui la leur enseignent qu'à leurs aptitudes spéciales et surtout à leur empressement à saisir toute occasion de la parler.

A l'heure actuelle, en plein hiver, ils rompent la monotonie des longues soirées en causant en français entre eux. Pas tous les jours, — car il y a aussi les conférences, les séances de *Kriegsspiel* (jeu de la guerre) — mais pour le moins deux soirs par semaine sont consacrés à des exercices de conversation. Pendant les deux ou trois heures que cela dure, l'allemand est rigoureusement banni (1). On doit évidemment en entendre de bien bonnes, mais il y a au bout de cela un resultat palpable : c'est qu'un nombre relativement considerable de ces officiers arrivent à s'exprimer à peu près convenablement en français.

Dans combien de garnisons françaises y a-t-il des *soirées allemandes ?* Il est vrai que nos voisins aiment notre langue tandis que la leur nous horripile.

---

(1) Chaque mot allemand est généralement taxé 50 pfennig (0 fr. 62), qui sont versés à une caisse *poculatoire.*

Il y a quelques années, un officier français, causant avec un officier prussien, lui exprimait son étonnement de ne pas le voir parler français, l'autre lui répondit :

— *Leider ! Ich kann nicht franzosisch.*

« Hélas ! non, je ne sais pas le français. »

Il n'y aurait pas beaucoup d'officiers chez nous pour faire pareille réponse dans un cas analogue.

Malgré cela il ne faut rien exagérer. Tout en reconnaissant une certaine supériorité aux Allemands sous ce rapport, la grande masse ne doit pas en savoir beaucoup plus d'un côté que de l'autre. Si l'on travaille moins chez nous, les autres, par contre, se heurtent à des difficultés insurmontables pour eux : les nuances, la prononciation, etc.

Combien l'armée allemande compte-t-elle d'officiers aussi ferrés que celui dont il est question ci-après? Laissons la parole à *l'Armée allemande telle qu'elle est* (1) :

« Les officiers allemands vivent encore sur une autre légende ; le public se figure, chez nous, que tous ces messieurs savent admirablement le français.

» C'est là une grave erreur.

» Il y a des officiers allemands connaissant parfaitement notre langue et même ses subtilités ; il y en a également qui en ignorent le premier mot.

» Chez nous, les proportions ne sont pas les mêmes : nous avons un *petit* nombre d'officiers sachant *très bien* l'allemand, un grand nombre en sachant assez pour se faire comprendre dans les cas les plus élémentaires et, enfin, un nombre relativement grand (3/10 environ) qui ne parlent ni ne comprennent la langue en question.

» Les Allemands ont peut-être plus d'officiers *s'exprimant bien*, mais ils en ont aussi plus qui ne savent absolument rien. La moyenne est supérieure chez nous.

(1) Chez Lavauzelle, 1890.

» Ce serait vouloir s'exposer aux erreurs les plus grossiè-
res que de juger de cela d'après des exemples isolés.

» J'ai vu des officiers allemands parlant remarquablement
notre langue, témoin celui avec lequel j'ai eu occasion de
voyager l'année dernière.

» C'était au mois de septembre 18... j'allais de Cologne
à Coblentz. Le compartiment dans lequel je me trouvais
était également occupé par deux lieutenants de hussards,
qui s'entretenaient entre eux des choses du métier.

» Malgré moi je m'intéressais à leur conversation; ce que
voyant, l'un des lieutenants se tourna vers moi et me dit dans
le français le plus pur :

» — Nous ne vous ennuyons pas trop, monsieur, j'espère,
avec notre discussion toute militaire ?

» — Pas le moins du monde, monsieur, répondis-je absolument estomaqué.

« — Ne seriez-vous pas, par hasard, un officier français,
monsieur ?

» — Parfaitement, monsieur.

» Là-dessus mon interlocuteur, se levant, me fit un salut
des plus gracieux et me dit :

» — Permettez-moi de me présenter : lieutenant von X....
du ... régiment de hussards. Mon camarade, M. von Y...,
appartient à mon régiment.

» Je me levai à mon tour, et, me conformant à l'usage
allemand, fort commode d'ailleurs, à mon avis du moins, je
me nommai; puis nous nous rassîmes tous trois et nous
mîmes à causer comme de vieilles connaissances.

» Je dois avouer qu'il m'a rarement été donné de voir des
Allemands aussi agréables, aussi hommes du monde et
aussi peu raides vis-à-vis d'un Français.

» Le lieutenant von X... parlait très couramment notre
langue; il lui échappait même, parfois, des locutions toutes
parisiennes.

» Je me permis de le lui faire remarquer.

» — Vous parlez français, lui dis-je, comme un Parisien des boulevards.

» — Oh ! tout au plus comme un Parisien des boulevards extérieurs, me répondit-il.

» Tableau !

» Le lieutenant von Y... parlait beaucoup moins bien que son camarade.

» Mais tous les officiers prussiens ne sont pas de la force du lieutenant von X..., tant s'en faut !

» Il est étonnant, ce peuple français, né si malin ! Il a pourtant bien lu les proclamations qui lui ont été adressées, dans sa langue, par les Allemands en 1870. Mais il les a oubliées.

» Savait-il si bien le français, celui qui proposa aux officiers de la garnison de Strasbourg de signer au *Revers* suivant ?

REVERS

» Je soussigné . . . m'engage sur ma parole d'honneur
» à ne plus prendre les armes dans cette guerre, *de suite à*
» *ne pas commettre des actions ou faire correspondance, qui*
» *pourraient être nuisibles aux armées allemandes.* On m'a
» déclaré *que en* violant cet engagement, *commis avec ceci,*
» je serai puni *par la loi de guerre* dans toute sa rigueur.

» L'on m'a communiqué *que je puis prendre domicile*
» *à* . . . . *».*

» Il n'était pas beaucoup plus fort que le rédacteur de ce qui précède, le fameux commandant des étapes de Toul qui fit afficher, dans toute la Lorraine, la proclamation qui suit, après que les francs-tireurs eurent fait sauter le pont de Fontenoy-sur-Moselle (1).

» Buffon a dit : *le style c'est l'homme*. Que penser de l'auteur de la proclamation suivante ?

PROCLAMATION

« *La plus revéche surveillance à la sûreté du chemin et*
» *d'étape, le pont du chemin de fer tout près de Fontenoy, aux*
» *environs de Toul, aujourd'hui la nuit fait sauter.*

» *Pour la punition la village de Fontenoy fut brûlée de fond*
» *en comble. Le même sort tombera aux lieux dans les quels*
» *quelque chose arrive de semblable.*

« Toul. le 21 janvier 1871.

» *Le commandant des étapes,*
» Von Schmadel. »

» Eh bien! n'est-il pas cynique de violer ainsi les règles les plus élémentaires de la langue française? Schmadel, va!

» Une personne qui aurait le temps et la patience de collectionner tous les échantillons de la prose fantastique dont les Allemands ont inondé notre pays pendant la guerre de 1870-71 aurait bien des chances de nous procurer des distractions sérieuses. Les gens qui se figurent que tous les officiers allemands savent admirablement le français feront sagement de méditer les deux échantillons ci-dessus.

---

(1) « Trois cents francs-tireurs des Vosges, partis du camp de Lavacheresse (au sud de Vrécourt), sous les ordres du commandant Bernard, se portèrent, par une série de marches de nuit, sur Fontenoy. Près de la station de ce nom (à un kilomètre environ), se trouve un pont du chemin de fer sur la Moselle Après avoir surpris les troupes prussiennes chargées de sa garde, ces braves gens se mirent en devoir de faire sauter le pont.

» L'opération, très habilement menée, réussit pleinement. Malheureusement, la destruction, opérée le 22 janvier 1871, ne nous profita guère; elle avait eu lieu trop tard pour occasionner un préjudice sérieux à l'armée allemande »

Ça les ennuiera peut-être, car il est toujours dur de perdre une illusion, même désagréable, mais cela les instruira, c'est l'essentiel. »

Ce qui prouve d'ailleurs la vérité des assertions contenues dans l'extrait ci-dessus, c'est l'existence d'un nombre incalculable d'aide-mémoire, guides de poche, etc., etc., et *Sattelbuch* allemand-français. Si *tous* les officiers allemands étaient aussi forts que certaines gens le disent, ils n'auraient pas besoin des petits livres en question.

Presque tous ces ouvrages traitent notre langue avec un sans-gêne que l'on n'aurait pas chez nous vis-à-vis de la dernière des filles. Ils ne contribueront guère à l'instruction de ces messieurs de l'armée allemande. Tout au plus, leur apprendront-ils les *environs* du français.

Voici par exemple ce qu'un professeur nous révèle dans son aide-mémoire :

Sogleich (qui veut dire : *tout de suite*) = d'abord.

Der Abtritt (qui veut dire : *les cabinets*) = la commodité!! — Pourquoi pas de suite célérité et discrétion?

Le beurre se dit en allemand *die Butter :* le *professeur* en conclut qu'en français le mot est également du féminin. Il dit aussi : *le minuit, le midi. Vous me servirez à manger pour le midi.*

De même : *la nuque du cou.* — Est-ce qu'il y en a une autre?
Le pommon (le poumon).

Le gouffre (le gosier, le pharynx). — Il est vrai que les Allemands sont si gloutons et si voraces!

« *J'ai une balle dans* MA *jambe.* » — Dame!

« MA *tête* ME *fait mal.* » — Ce serait drôle si elle produisait cet effet à la compagnie voisine!

« *J'ai mal* DE *ventre.* » — Probablement parce que le *gouffre* a été trop humidifié!

« *Il faut* SEIGNER. »

« *Le pharmaRcien.* »

« *La guérizon.* » — Le monsieur pille les refrains de Béranger.

« LA *bandage.* »

Passons à un autre. Celui-ci n'est pas seulement professeur, il est aussi interprète juré près de la cour de Leipzig. (Inutile de dire son nom, car tout le monde crierait : « Dieu vous bénisse ! ») Mais il n'est pas fort malgré cela.

Au lieu de desseller les chevaux, il les *desseille.*

Il va *droitement*, mais pas droit devant lui.

Il traduit *Kartœtsche* (boîte à mitraille) par *cartouche.* Aussi brave que les camarades, il évite de se battre *l'homme contre l'homme* (corps à corps). Au lieu de dire, comme tout le monde : le fusil Mauser, il l'appelle familièrement : *l'arme de Mauser.* C'est très inconvenant, ce langage, surtout vis-à-vis d'un homme qui est décoré de nombreux ordres allemands ! Une poche à cartouches s'appelle chez nous une cartouchière et non pas *un cartouchier.*

Il *bat le tambour.* — En France on ne bat ni les tambours ni les autres soldats ; c'est en Allemagne que se font ces choses-là ! Chez nous, on bat *du* tambour, c'est-à-dire de la caisse.

Oh ! et celui-ci :

Der Wegweiser (le poteau indicateur) $=$ *la colonne itinéraire.* — Il y a tout un poème dans cette *colonne itinéraire !*

Der Gemeine (le simple soldat) — *le soldat privé.* — Privé de quoi ? Encore quelque chose d'inconnu chez nous ! Car lorsque l'on est *privé*, en France, on n'est pas soldat. Ça se fait en Turquie ces choses-là ; probablement aussi en Allemagne, puisque l'auteur en parle.

Der Gefreite (le soldat de 1re classe ou appointé) *le camp de gardes.* — On croit rêver.

L'officier de l'état-major.

Le canôt à canon (la canonnière). — C'est gentil comme assonance.

Passons à un troisième. Celui-ci ne met pas que son nom

sur la couverture. Il intitule gravement son bouquin : *La France dans le havresac.* — Voici quelques merveilles de son français :

Le clocher est-il à monter? — Inutile de dire que cela a la prétention de traduire la question allemande : « Peut-on monter dans ce clocher? »

Pour lui, un élève vétérinaire c'est un *élève* D'UNE *vétérinaire.* — Il est probablement partisan de l'accession des femmes à des professions que les hommes seuls pouvaient exercer jusqu'à présent.

Le commandant d'un convoi, c'est *le capitaine de charroi,* etc., etc.

Mais assez de citations! Les précédentes doivent suffire pour donner au lecteur une idée très exacte de la valeur de ces ouvrages et des services qu'ils peuvent rendre à ceux qui en font usage.

L'enseignement du français dans les collèges allemands.

L'enseignement classique se donne géneralement en six cours ou années ; le numéro 6 correspondant à notre philosophie.

Le français y est enseigné de la façon suivante :

1ᵉʳ *cours* (six heures par semaine). — Règles du langage. Exercices de lecture, etc.

2ᵉ *cours* (six heures). — Etude des formes grammaticales. Verbes irréguliers.

3ᵉ *cours* (cinq heures). — Règles essentielles de la syntaxe.

4ᵉ *cours* (cinq heures). — Complément de la syntaxe. Etude des difficultés. — Lectures : Voltaire (*Chrestomathie* et *Charles XII.*

5ᵉ *cours* (trois heures). — Traduction en français. Exercices grammaticaux. Etude des synonymes et des étymologies. — Lectures : *Télémaque* ; Thierry (*Histoire de France*); Ségur (*Histoire de Napoléon*) ; X. de Maistre (*les Prisonniers du Caucase ; le Lépreux de la Cité d'Aoste ; la jeune Sibérienne).*

6ᵉ *cours* (3 heures). — Traduction en français de morceaux difficiles. Exercices de style. — Lectures : Michaud (*Histoire des Croisades*) ; Voltaire (*le Siècle de Louis XIV*, particulièrement le chapitre des beaux-arts). Montesquieu (*Grandeur et décadence des Romains*) ; Villemain (*Cours de littérature du XVIIIᵉ siècle*), Molière (*l'Avare* ou *le Misanthrope*) ; Racine (*Athalie*) ; Corneille (*le Cid*) ; V. Duruy (*Histoire de France*).

Chez nous, on ne consacre pas plus de deux heures par semaine à l'allemand, aussi bien dans les lycées et collèges que dans les écoles militaires.

M. Raoul Frary, dont personne n'aura l'idée de contester la haute compétence en matière d'enseignement, dit ce qui suit, dans le numéro de la *France* du 10 juillet 1891 :

« Comme les langues vivantes occupent une place prépondérante dans le nouveau programme (1), il importe surtout de se procurer de bons professeurs d'allemand, d'anglais, et même d'italien et d'espagnol. Ce n'est pas chose facile, et l'état *plus que languissant* de l'étude des langues vivantes dans les lycées et collèges tient peut-être à ce que les professeurs ne remplissent pas toutes les conditions désirables. Le moindre ridicule ébranle leur autorité, et il suffit que les élèves ne les voient pas tout à fait les égaux de leurs autres maitres. pour que leur enseignement soit frappé de stérilité.

» Il faudra donc créer ou développer à l'Ecole normale la section des langues vivantes et surtout *donner des bourses de voyage* et de séjour à l'étranger. On le fait déjà pour quelques instituteurs et pour des élèves des écoles de commerce, et l'on s'en trouve bien. On reconnaîtra sans doute que nous devons sortir de chez nous de plus en plus, nous informer de ce qui se dit et se fait chez nos voisins, multiplier les points de contact entre l'esprit français et l'esprit des autres peu-

---

(1) Enseignement secondaire moderne,

ples. La civilisation et la science sont l'objet d'une immense collaboration d'autant plus féconde qu'elle est plus active et qu'on en a mieux conscience.

» Nous enverrons de jeunes Français, déjà instruits, dans les universités d'Allemagne ou de Suisse, d'Angleterre, d'Italie. Ils y seront en général bien accueillis : le patriotisme et même le chauvinisme, qui fleurissent partout, n'excluent pas la courtoisie.

» Comme il importe que les langues vivantes soient apprises de façon à être bien entendues et bien parlées par tous les bons élèves, les maîtres ne sauraient être trop familiarisés avec les idiomes dont ils auront à répandre là connaissance. Ils devront être à la fois très cultivés, *pour inspirer le respect*, et très exercés, pour ne pas enseigner les langues vivantes à la manière des langues mortes, par les livres et en vue de livres.

» Nous aimons à croire que le Ministre de l'instruction publique s'est déjà préoccupé de cette grave question du personnel, et qu'il est décidé a faire tout ce qu'il faut pour la résoudre. Car l'enseignement secondaire sera languissant tant qu'il ne possedera pas un corps de professeurs qui joignent à la haute instruction de leurs collègues, les qualités spéciales qu'exige leur mission, et l'enthousiasme, sans lequel on ne crée rien de prospère. »

Voila qui est très bien pour les professeurs ; mais M. Frary ne dit pas un mot des élèves. Il faudra que ceux-ci, de leur côté, soient animés des meilleurs sentiments et du vif désir d'apprendre ces langues étrangères. Malheureusement, ceci ne dépend d'aucun ministre. Les parents devront faire comprendre à leurs enfants l'intérêt puissant qu'il y a pour eux à posséder au moins une langue étrangère. Ils pourront y arriver facilement, mais à condition d'être eux-mêmes persuadés de la nécessité de ceci.

L'étude du français ne marche pas non plus sur des roulettes dans les écoles étrangères. Deux exemples le prouveront. Le premier est emprunté aux *Souvenirs d'un cadet prussien* (par H. v. Dewal), le deuxième, aux *Souvenirs militaires de jeunesse* (par Oscar Teuber).

« Nous avions un autre cadet qui s'appelait Barreire. Malgré son nom, il ne pouvait pas apprendre un mot de français. C'était, à ce sujet, une lutte perpétuelle entre lui et notre professeur, le petit père Fischer.

» Il est 8 heures du matin ; la leçon commence. Le professeur entre dans la salle et monte a sa chaire.

» — Barreire, levez-vous !

» En disant cela le petit professeur se soulève et cherche à regarder par-dessus la chaire.

» Barreire se lève tristement et reste là comme un chien de chasse qui a reçu la fessée. Attention !

» — Barreire, comment dit-on *der Vater* (le père).

» Après avoir longuement réfléchi et après que son voisin le lui a soufflé, l'autre répond sur un ton plaintif :

» — Le père !

» — Bien ! *der Vater* se dit en français le père. Barreire comment appelle-t-on *die Mutter* (la mère) ?

» Pause...

» — Le mère !!!

» — Barreire, vous êtes bête, *die Mutter* s'appelle la mère. Barreire, comment dit-on *der Vater* ?

» Barreire, très émotionné, reste là sans répondre ; puis, après une assez longue pause, il balbutie :

» — Le mère ?

» Monsieur Fischer impatienté se gratte la tête, puis se mouche.

» — Barreire vous êtes très bête. *Der Vater* veut dire : le père. Barreire comment appelle-t-on *die Mutter* ?

» Barreire ne peut supporter plus longtemps cette torture ; il pleure à chaudes larmes. Les autres rient, mais M. Fischer dit avec un air sévère :

» — Barreire, allez au tableau. Pour votre punition, vous

me copierez deux fois, pour demain matin, le chapitre cinq.

» Et le lendemain c'est la même rengaine :

» — Barreire comment appelle-t-on *der Vater?*

» — La père !!! »

Les écoles militaires sont :

1° Pour la Prusse, la Saxe, etc., etc :

L'académie de guerre (Berlin) ;

L'École d'application de l'artillerie et du génie (Berlin);

Les écoles de guerre (1) de : Potsdam, Anklam, Erfurt, Neisse, Hanovre, Cassel, Engers et Metz;

Les écoles de cadets de : Lichterfelde (près Berlin) et Dresde ;

Les maisons de cadets de : Culm, Potsdam, Wahlstatt, Bensberg, Ploen, Oranienstein et Carlsruhe. En sortant de là, les cadets vont à l'Ecole supérieure de Lichterfelde.

2° Pour la Bavière, qui a conservé toute son indépendance, même en matière d'enseignement militaire, on trouve :

Une académie de guerre ;

Une école de guerre ;

Une école de cadets;

Une école d'application de l'artillerie et du génie, ayant, toutes les quatre, leur siège à Munich.

Guillaume II.

Guillaume II n'aime pas le français ; il déteste également notre cuisine et nos vins. On le dit au moins. Certaines mauvaises langues, se prétendant bien informées, assurent au contraire qu'il boit très facilement du vrai champagne et

---

(1) En Allemagne, l'Académie de guerre correspond à notre Ecole supérieure.

Les écoles de guerre reçoivent les sous-officiers ou enseignes candidats officiers.

qu'il ne manifeste aucun dégoût pour de bons plats préparés et servis à la française. Au fond, cela peut nous laisser froids, d'autant plus que n'avons à nous occuper ici que du français *de cuisine,* parlé par nos bons voisins.

Il semble que l'empereur soit assez au courant de notre langue, puisqu'il a eu, lors des grandes manœuvres de 1890 en Russie, une discussion très intéressante, *en français,* avec un de nos généraux les plus marquants, au sujet des campagnes d'Annibal. Bien plus, il adressa quelque temps après, à ce même général, une lettre autographe de sept pages, accompagnée d'un plan des batailles de Cannes et de Zama, histoire de faire voir qu'il savait rédiger une lettre en français ! Cela n'a étonné personne. C'est le contraire qui nous aurait frappé, eu egard aux moyens dont Monsieur son père disposait pour lui faire donner une éducation solide et soignée.

Malgré cela, il ne peut dissimuler son peu de goût pour notre langue. Celle-ci a été adoptée (protocole de 1815) pour toutes les correspondances, entrevues, etc., etc., diplomatiques. Or, il vient de faire un voyage en Hollande, et le gouvernement de ce pays a décidé que la langue allemande serait *officielle* pendant le séjour de Guillaume dans les Pays-Bas. A-t-on simplement répondu à un de ses désirs, ou bien la nation hollandaise, si connue jadis pour son amour de l'indépendance, a-t-elle voulu par là donner au César hypothétique une preuve d'obséquiosité? Peut-être aussi, fatigués de cultiver les tulipes, ces braves Hollandais rêvent-ils de faire de leur pays la cinquième roue du corbillard de la quadruple alliance? Quoi qu'il en soit, cette dérogation aux règles posées par les vieux diplomates de 1815 constitue un précédent. Il ne faudra pas nous étonner d'ici peu de voir Guillaume essayer de substituer l'allemand au français dans les relations diplomatiques.

En attendant, il fait une guerre à mort aux vocables de notre langue employes dans les règlements de l'armée, de

la cour, etc. Toutefois, il est impardonnable de n'avoir pas
encore fait rayer de ces derniers le mot *escarpins*, qui signi-
fie : culotte. Comme il est dit, à ce propos, dans l'*Armée
allemande telle qu'elle est*, « ce serait grand, généreux et
juste, et nous pourrions considérer cela comme un commen-
cement de restitution ». Est-il logique de conserver des
expressions françaises, lorsque, dans des pays, annexés il
est vrai, mais où l'on ne sait pas un traître mot d'allemand,
on interdit aux commerçants d'avoir des enseignes françaises
ou même des produits de chez nous à leurs devantures? Il
est vrai que le ridicule ne tue qu'en France.

A-t-on jamais vu quelque chose d'aussi grotesque que les
mesures prises en Alsace et en Lorraine vers 1889? Tel
individu, perruquier de son état, avait une enseigne portant :
Hicks, coiffeur. La police allemande, très intelligente et
munie de pouvoirs discrétionnaires, lui intime l'ordre de faire
disparaître le mot français *coiffeur* et de le remplacer par
le mot allemand Friseur !!! Est-ce assez énorme ?

Il existe à Strasbourg un très vieil établissement connu
sous le nom de : *Café de la Mauresse*. Un beau jour, la police
se présente et enjoint au propriétaire d'avoir à faire disparaître de son enseigne tous les mots français et de les remplacer par tels autres allemands à sa convenance. Toutefois,
avec une générosité qui l'honore, elle reconnaissait les
droits acquis de la *Mauresse*. A l'heure actuelle, cet établissement s'appelle : Kaffee Mauresse. Donc, *café* est français
et *kaffee* allemand (1). Cette ridicule histoire fait songer
invinciblement à l'histoire du marquis de Saint-Cyr pendant
la Terreur.

Pourquoi l'empereur, pour être conséquent à lui-même,
n'oblige-t-il pas les descendants d'émigrés ou de réfugiés

(1) Le gouvernement a été interpellé, à ce sujet, pendant la séance
du 17 janvier 1889 au Reichstag. Inutile de dire qu'il a eu la majorité
de son côté, mais non les rieurs cependant.

français à prendre des noms allemands ? Certains d'entre
eux l'ont déjà fait, il est vrai, mais la plupart n'ont pu se
décider à abandonner ce qu'ils considèrent, en quelque
sorte, comme un titre de noblesse. Le professeur Duboys-
Reymond, le célèbre physiologiste, s'appelle toujours ainsi.
C'est lui pourtant qui, en 1871, rouvrait son cours à peu
près dans les termes suivants: « Messieurs, je suis désolé de
porter un nom qui est français. mais je vous affirme bien
que moi je ne le suis pas et que, pour rien au monde, je ne
voudrais l'être... »

Les journaux allemands célébraient en grande pompe,
l'autre jour, un triste personnage, un nommé Jacot, curé de
Fèves (Lorraine annexée). Cet ecclésiastique est l'auteur
d'un volume de vers (1) intitulé : *En pays annexé* et dédié
à Guillaume II. (La succession de l'évêque de Strasbourg
était ouverte.) Il serait assez intéressant pour nous de con-
naître l'opinion de l'empereur sur ce *poète français* (!!) aussi
dépourvu de dignité que de talent.

Avez-vous jamais lu quelque chose d'aussi cacophonique
et d'aussi misérable que ces premiers vers de la *Conscience
du vrai Lorrain ?*

> Seigneur, protège l'Allemagne !
> Seigneur, protège l'empereur !
> Que ta sagesse l'accompagne !
> Grand Dieu, donne-lui le bonheur !
> Adorons de la Providence
> Les impénétrables secrets.
> La Lorraine, avec confiance,
> Reçoit du Seigneur les décrets
> Un Lorrain sait, dans sa conscience,
> Que devant Dieu il aurait tort
> De murmurer, plein d'arrogance,
> Contre le traité de Francfort.

Pourquoi l'empereur, que l'on dit spirituel, ne lui aurait-
il pas répondu : « Tu as trop bien déjeuné, *Jacot* ? »

(1) Français.

Les jeunes princes apprennent le français avec le major de Falkenhayn, ancien attaché militaire à Paris. Cet officier n'ayant rien dit là-dessus, il est absolument impossible de savoir les procédés qu'il emploie, ni les auteurs qu'il fait expliquer à ses élèves. Mais il obtient, paraît-il, des résultats remarquables, — du moins les journaux allemands le disent-ils !

Certaines indiscrétions ont été commises par d'autres ; grâce à elles, nos lecteurs apprendront, avec plaisir assurément, deux jolies anecdotes relatives à un prince prussien (1) qui occupe maintenant une situation considérable.

Le professeur :

— Monseigneur, à quelle époque a eu lieu la première croisade ?

L'élève (*très décidé*) :

— En 1520.

Le professeur (*ahuri, mais indulgent*) :

— La date, en elle-même, est excellente, Monseigneur ; malheureusement, elle ne s'applique pas au fait historique sur lequel j'ai l'honneur d'interroger très respectueusement Votre Altesse Royale.

A la leçon de géographie :

Le prince a devant lui une carte d'Europe ; avec l'aplomb qui le caractérise, il met le doigt sur la France et dit :

— C'est bien là l'Espagne, n'est-ce-pas ?

Le professeur (*hébété mais diplomate*) :

— Oui, Monseigneur, mais elle n'est habitée que par des Français. *Les Espagnols, eux, résident un peu plus au sud.* »

Le prince Eitel-Fritz, le second des fils de l'empereur Guillaume II, est également réputé pour son intelligence

---

(1) N. B. Le prince avait alors une douzaine d'années.

précocc. Tous les journaux allemands se pâmaient, il y a quelque temps, et racontaient en termes dithyrambiques la réponse qu'il venait de faire à son professeur d'allemand, *le candidat Kessler*. Celui-ci avait expliqué à son royal disciple que les règles de l'orthographe allemande prescrivaient d'écrire en majuscules la première lettre de tous les mots correspondant à des êtres animés, choses ou objets susceptibles d'être touchés ou saisis à la main. Puis, joignant l'exemple au précepte, il lui dicta, une phrase dans laquelle une grenouille jouait le rôle principal. Le prince écrivait depuis un moment, quand il s'arrêta net, réfléchit un moment puis reprit la plume.

Le *candidat Kessler*, se penchant *respectueusement* par-dessus son épaule, constata qu'il avait écrit : *Frosch* (grenouille) avec un *f*.

— Votre Altesse Royale voudrait-elle avoir la grande obligeance de me faire la faveur de me dire pourquoi Elle écrit *Frosch* avec un *f*?

— Parce que je ne puis pas saisir ni prendre une grenouille à la main.

Macte virtute, puer, sic itur ad astra !

Rendons à César ce qui lui revient. L'empereur Guillaume était il y a quelques mois en Angleterre. On rapportait, à cette occasion, qu'il avait renoncé, *à tout jamais*, au champagne allemand et qu'il ne buvait plus que du champagne doux fabriqué spécialement à son intention par une maison française. L'empereur aurait également cessé d'intituler ses menus : *Speisekarte*.

On raconte que, lors de son voyage à Constantinople, le sultan avait fait provision de vins mousseux allemands. L'empereur fut très mécontent de n'avoir à boire que de cette saleté, et il ne s'en cacha même pas assez. Ceci prouve une fois de plus que le mieux est l'ennemi du bien.

Donc réparation d'honneur !

AUTRICHE

Les écoles militaires sont nombreuses en Autriche. On peut les classer en trois catégories bien distinctes :

a) Ecoles préparatoires en général, comprenant : les dix-neuf écoles de cadets (1), les six écoles préparatoires aux écoles (2) de cadets, les trois écoles préparatoires aux écoles de Wiener-Neustadt et de Vienne (Saint-Polten, Eisenstadt et Güns), et enfin l'école préparatoire supérieure (3) de Weisskirchen.

b) Ecoles spéciales d'où l'on sort avec le grade de lieutenant, savoir :

L'académie militaire de Wiener-Neustadt;

L'académie de Vienne (école d'application de l'artillerie et du génie).

c) Ecoles de perfectionnement :

Académie de guerre, Vienne ;

Cours supérieurs pour les officiers d'artillerie et du génie, également à Vienne.

Dans toutes ces écoles, on enseigne le français; mais le nombre d'heures consacrées à l'étude de notre langue varie considérablement. Ainsi, dans les six écoles préparatoires,

---

(1) Les jeunes gens, après quatre ans d'études, passent dans les régiments en qualité de sous-officiers. Ces écoles sont, pour l'infanterie : Prague, Pesth, Presbourg, Hermanstadt, Liebenau, Trieste, Lemberg, Lobzow, Filiale, Brünn, Insprück, Kaschau, Temesvar, Vienne, Karthaus ; pour la cavalerie, Weisskirchen ; pour le génie, Vienne ; pour les pionniers, Hainburg ; pour l'artillerie, Vienne.

(2) A Linz, Laybach, Eszek, Thurn, Belovar et Ottakak.

(3) En Moravie.

ainsi qu'à l'ecole supérieure de Weisskirchen, les élèves ont, en moyenne, cinq heures de français par semaine.

Dans les écoles de cadets, où l'on admet (à tort, paraît-il) que les élèves sont déjà suffisamment entraînés, le nombre des leçons de français se réduit à une par semaine. De même dans les autres écoles militaires.

Tous les professeurs sont des officiers. Il n'y a qu'une exception à cette règle : le professeur de français de l'académie militaire de Wiener-Neustadt est un civil (1).

L'enseignement est basé sur la méthode du docteur Karl Ploetz, professeur très connu en Allemagne. Cette méthode participe à la fois de nos procédés universitaires en matière d'enseignement du latin et des langues mortes en général, et d'un système dont le docteur Ploetz est l'auteur. La méthode Ploetz reposant d'une part sur des exercices écrits (thème et version), d'autre part sur des conversations entre maitre et élèves, donne d'excellents résultats, à ce que l'on assure.

Depuis quelque temps (quelques mois) on expérimente une méthode dont l'inventeur est M. Johann Fetter, directeur de l'école préparatoire de Vienne (Leopoldstadt). Voici, en très peu de mots, en quoi elle consiste :

Le professeur lit à haute voix une phrase française, que les élèves répètent ensuite jusqu'à ce qu'ils arrivent à la prononcer d'une façon tout à fait correcte. Ensuite, on la traduit en allemand, on la dissèque, on l'analyse, on donne toutes les explications, tous les éclaircissements nécessaires.

Cette méthode amène l'élève à parler très rapidement et très correctement. Malgré cela, elle ne sera probablement pas adoptée par les écoles de cadets en raison du peu de

(1) M Henri Bréant, qui est l'auteur d'un excellent volume de *Lectures militaires*.

temps consacre au français. M. Fetter vient de faire paraitre
un travail sur ce sujet, mais on ne le trouve pas encore en
librairie. Donc impossible d'en parler plus longuement.

Le gouvernement autrichien ne marchande point l'argent
à ses officiers et encore beaucoup moins lorsqu'il s'agit
de leur faire apprendre une langue étrangère. Il a créé à
leur intention des espèces de bourses de voyage qui sont
attribuées à ceux d'entre eux qui ont des aptitudes particu-
lières pour l'étude du français, de l'italien, du russe, etc.

Il vient tous les ans à Paris, dans les conditions ci-dessus,
un nombre assez considérable d'officiers autrichiens. Beaucoup d'entre eux parlent très couramment notre langue; un
grand nombre sont professeurs de français dans les écoles
militaires, comme on a vu plus haut.

Chose curieuse, pas un d'entre eux n'a encore eu l'idee de
faire un de ces *sattelbuch* ou *handbuch* qui existent à foison
dans l'armée allemande.

Cela tient à ce que l'officier autrichien est beaucoup plus
modeste que ses camarades allemands. Au fond, il a raison,
car les trois quarts et demi de ces derniers, lorsqu'ils se
mettent professeurs de français, houspillent notre langue
de la manière la plus éhontée.

Une leçon de français en Autriche.

— « Préparation de la leçon de français! Asseyez-vous! »
commande le sergent-major.

Et tous les élèves s'installent au milieu d'un vacarme
épouvantable, tirant leurs grammaires et leurs cahiers de
devoirs. On aurait dit qu'il s'agissait d'une fête plutôt que
d'un cours.

Pendant que le sergent-major va jeter un coup d'œil sur
le bout le plus éloigné de la salle, le *millimètre* de la classe
se précipite vers le tableau noir, y dessine un immense *Burg*

(vieux château fort) avec à côte un *i* et inscrit au-dessus *rébus*. Toute la salle éclate de rire ; le sergent-major, indigne, regarde le tableau et crie : « Effacez! » Mais il est trop tard : le professeur *B — i* (naturellement Burgi) vient d'entrer et se dirige en vacillant vers la chaise.

— « Debout! » commande le surveillant.

La classe obéit, mais en même temps partent de tous les coins de la salle des lutins saluant le professeur : « Bonjour! — J'ai l'honneur... — Comment vous portez-vous? »

— « Merci! merci! » répond le brave professeur, luttant pour se débarrasser d'eux.

Le plus petit de la classe s'est emparé de son *tube* et s'en est coiffé, et les autres battent de la caisse là-dessus à tour de bras. Un autre happe le pan gauche de la redingote du *maître*, il extrait de la poche le mouchoir qui s'y trouve et le remplace par un cornet de sable; un troisième déploie, en guise d'étendard, le parapluie bleu du maître et exécute un pas échevelé au milieu de la salle.

Tout au fond, le sergent-major assiste, scandalisé, à ce sabbat que le brave homme de professeur n'arrive pas à dominer. D'un dernier coup d'épaule, il se débarrasse de ses persécuteurs et grimpe dans sa chaire. A ce moment, il voit le rébus du tableau. « Mais, messieurs, effacez! » murmure-t-il en souriant, puis il cherche lui-même l'éponge, qui est soigneusement enfermée dans le tiroir de la chaire. Là encore il se heurte à l'inscription suivante : *L'âme enfermée*. C'était le titre d'un morceau que nous traduisions et qui était notre cauchemar. Nouveau sourire triste du professeur. Il ouvre le tiroir et...' l'âme enfermée a pris un corps sous forme d'une corneille crevée. La classe pousse un hurra lorsque le professeur tire ce cadavre puis le laisse retomber avec dégoût.

— « C'en est trop, messieurs, c'en est trop, gémit-il; c'est enfantin, c'est inconvenant... »

La classe l'interrompt dans ses doléances par un cri d'indignation, et le martyr s'excuse bien vite en disant :

— « C'est-à-dire que je n'avais pas l'intention de vous offenser ! »

Le sergent-major intervient alors avec fracas ; il emporte la corneille et commande d'une voix de stentor : « Assis ! »

Le surveillant n'assiste qu'aux leçons des professeurs civils et ecclésiastiques, pour cette raison que les officiers chargés de cours ont le droit de punir que ne possèdent pas les premiers. En cas de tapage, il intervient et fait appeler, au besoin, l'inspecteur des études (un officier). Le sergent-major ne quittait presque jamais sa place lorsque le professeur B... faisait le cours.

Tout cadet se respectant et vraiment digne de ce nom éprouvait un mépris absolu pour tout professeur civil ; *mais ce sentiment atteignait son maximum d'intensité vis-à-vis du malheureux maître de français, si gauche et si timide.*

Nous autres polissons, nous nous conduisions comme des bêtes sauvages ; avoir peur de nous, c'était courir à sa perte.

Or, le professeur $B — i$ avait peur. Il se cramponnait de toutes ses forces à sa place de professeur ; il voyait, au bout de chaque conflit avec les élèves, l'intervention fatale du major et sa révocation. Aussi se laissait-il martyriser jusqu'au sang avant d'entamer la lutte avec ces gamins récalcitrants.

La vue de la corneille avait soulevé une tempête de rires qui mit du temps à s'apaiser. Les élèves s'étant assis, le maître essuya ses lunettes bleues et tira de sa poche le cahier des notes d'interrogation.

« Pas d'interrogation ! », hurla la classe ; le professeur, tout honteux, remit le carnet en poche et ouvrit son livre. L'*âme enfermée* défila au milieu d'une douce gaieté et fut traduite sans encombre.

L'ordre semblant complètement rétabli, le sergent-major

quitte la salle sans bruit, pour se donner une demi-heure de repos, soit dans sa chambre, soit à la cantine.

Le *dernier banc* attendait ce moment avec impatience : à peine le surveillant est-il dehors qu'une nouvelle tempête de rires éclate. Le *premier banc* s'avance jusqu'au pied de la chaire, si près que le professeur B... ne peut plus avancer ni reculer. De tous côtés, des mécontents se précipitent sur lui en brandissant au-dessus de leurs têtes leurs cahiers de corrigés.

« Comment, monsieur, vous avez l'aplomb de me donner un 2 ? », lui crie à l'oreille et en singeant sa façon de parler, le petit J..., le *millimètre* de la classe.

D'un autre côté, le brave baron S... lui hurle : « Comment, monsieur, *je n'ai que vingt fautes* et vous ne me mettez pas *très bien ?* »

Le professeur B... fait des efforts désespérés pour secouer tous ces crampons. Tout à coup il porte la main au nez, puis à la barbe. Qu'est-ce ? Un véritable bombardement. Le cadet S..., qui a rapporté de la promenade une provision de boules de neige, ouvre contre la barbiche du professeur un feu rapide bien ajusté. Le malheureux est hors de lui. Tout à coup, sa patience est à bout. Il rassemble ses forces et crie : « A peine monsieur le sergent-major a-t-il quitté la salle, que vous vous précipitez sur moi comme une bande de loups. » Ces paroles, prononcées dans un allemand baroque, excitent de nouveaux rires chez les élèves.

Mais l'hilarité augmente encore lorsque le professeur, voulant prendre son mouchoir pour s'éponger, tire de sa poche le cornet de sable. Furieux, il le lance au milieu des élèves. Il cherche son chapeau et son parapluie pour battre vivement en retraite, mais ces deux objets ont disparu ; il ne retrouve que le premier, mais il est rempli de sable. Le professeur épuisé retombe sur sa chaise marmottant entre ses dents : *gamineries.*

Le désordre dans la salle est épouvantable, la joie atteint

son paroxysme quand la porte s'ouvre. Le capitaine C...
apparaît : « Immédiatement à vos places ! Qu'est-ce que
veut dire cette vie-là ? Vous figurez-vous être à la taverne ? »
Le professeur B... lui fait une série de saluts embarrassés et
profonds, puis reprend sa leçon qui se termine tranquille-
ment.

Le pauvre professeur B... eut à passer de vilains quarts
d'heure pendant la guerre de 1870. Ainsi que les deux tiers
de l'armée autrichienne, notre classe était portée pour la
France, tout en détestant la langue française qui nous
valait des 2 et des 3. Le pauvre *maître* dut payer toutes
les défaites de l'armée de Napoléon III. Après la bataille
de Wœrth, un farceur crayonna de nouveau sur le tableau
noir une *Burg* suivie d'un *i* et à côté = Napoléon. Le professeur se dirigeait innocemment vers la chaire, lorsqu'on
lui cria : « Vous devriez être honteux d'avoir de nouveau
perdu une bataille. Quelle pile ! » Le malheureux B... devint
cramoisi et balbutia : « Je ne suis ni Napoléon, ni un de ses
partisans, je suis un libre citoyen suisse », puis, tout scandalisé, il passa l'éponge sur le rébus.

Pauvre professeur ! ces années passées à l'école des
cadets te seront comptées comme campagnes.

ITALIE

Les écoles militaires de ce pays se décomposent ainsi qu'il suit:

L'école supérieure de guerre de Turin: elle correspond à celle que nous possédons; c'est là que se recrute le corps d'état-major de l'armée italienne.

L'école normale d'infanterie (Parme).

L'école normale de cavalerie (Pignerol).

L'école d'application de l'artillerie et du génie (Turin).

L'école militaire de Modène, qui fournit les officiers d'infanterie et de cavalerie.

L'académie militaire de Turin, pour les officiers d'artillerie et du génie.

Et enfin les quatre collèges militaires de Rome, Naples, Florence et Milan.

Dans toutes ces écoles, l'enseignement du français est obligatoire, concurremment avec l'allemand. Il est impossible de rien dire sur les procédés employés, mais il est certain qu'un grand nombre d'officiers italiens parlent très bien notre langue. Beaucoup d'entre eux sont parents avec des Savoisiens, etc., etc.; puis, il y a encore la question d'origine commune pour les deux langues. Tout ceci réuni suffit à expliquer pourquoi beaucoup d'officiers italiens parlent couramment notre langue.

Beaucoup d'entre eux se sont mis à l'étude de l'allemand, au lendemain de la conclusion de la triple alliance; [mais presque tous sont restés sur le carreau. Combien de ceux-là pourraient-ils nous parler de l'emploi du gérondif en allemand?

RUSSIE

Le nombre des écoles militaires russes est incalculable. Il y a d'abord (à tout seigneur tout honneur) :

L'académie Nicolas (école supérieure de guerre) qui fournit les officiers d'état-major.

Les trois écoles d'infanterie, savoir :

Paul et Constantin à Saint-Pétersbourg ; Alexandre à Moscou.

L'école de cavalerie Nicolas, à Saint-Pétersbourg.

Dans ces quatre écoles, la durée des cours est de deux ans. Suivant leur numéro de classement, les élèves en sortent sous-lieutenants, enseignes ou sous-enseignes.

L'école d'artillerie Michel et l'école du génie Nicolas, à Saint-Pétersbourg.

La durée des cours y est de trois ans.

Seize écoles de *Junker*, dont onze pour l'infanterie, deux pour la cavalerie et trois pour les Cosaques. Ces écoles reçoivent des volontaires aspirants-officiers qui sortent ensuite en qualité d'enseignes ou sous-enseignes.

Dix-neuf écoles de cadets. Les cours de ces écoles durent sept ans.

Enfin huit écoles préparatoires dont les cours durent quatre ans.

Le programme de toutes ces écoles comporte l'étude du français. Les professeurs sont presque partout des civils. Aucun d'eux n'ayant jamais publié quoi que ce soit relativement aux méthodes employées pour l'enseignement de notre langue, il est impossible de rien dire à ce sujet.

Les Russes aiment tout ce qui est français. Notre idiome est familier, jusque dans ses nuances les plus délicates, à la plupart de leurs officiers. Détail particulier : nos amis du Nord parlent notre langue sans le moindre accent.

TABLE DES MATIÈRES

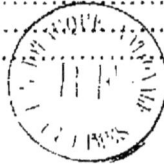

Paris et Limoges. — Imp. militaire Henri Charles-Lavauzelle

Librairie militaire Henri Charles-Lavauzelle

Paris, 11, place Saint-André-des Arts.

Librairie militaire Henri Charles-Lavauzelle

Paris, 11, place Saint-André-des-Arts.

GUERRE FRANCO-ALLEMANDE DE 1870-1871, par Ch. Romagny, lieutenant, professeur d'histoire et de géographie à l'Ecole militaire d'infanterie. Ouvrage accompagné d'un atlas comprenant 18 cartes-croquis en deux couleurs — Volume grand in-8° de 392 pages, et l'atlas......... 10 »

GÉOGRAPHIE PHYSIQUE, HISTORIQUE ET MILITAIRE de la région française (France, Hollande, Belgique, Suisse, frontière occidentale de l'Allemagne), par E. Bureau, lieutenant-colonel, ancien professeur de géographie militaire à l'Ecole de Saint-Cyr. — Volume in-16 de 1.000 pages, relié toile anglaise... 7 50

ATLAS DE GÉOGRAPHIE MILITAIRE, adopté par M. le Ministre de la guerre pour l'Ecole spéciale militaire de Saint-Cyr. Nouvelle édition entièrement refondue, contenant 42 cartes imprimées en plusieurs couleurs, et publiée sous la direction des professeurs de l'Ecole militaire de Saint-Cyr. Cartonné... .... 42 »
    Relié toile rouge, biseaux, titre or............................ 45 »

Atlas de Géographie moderne. — LE MONDE MOINS LA FRANCE, par G. Pauly et R. Haussermann, contenant 42 cartes en chromolithographie, 7 couleurs ; le texte est en regard de chacune des cartes.
    Volume in-4°, cartonné.. 2 10

Atlas de Géographie moderne — LA FRANCE ET SES COLONIES, par G. Pauly et R. Haussermann, contenant 49 cartes en chromolithographie, 7 couleurs : le texte est en regard de chacune des cartes.
    Volume in-4°, cartonné... 2 10

ATLAS UNIVERSEL DE GÉOGRAPHIE MODERNE, par G. Pauly et R. Haussermann, contenant 87 cartes en chromolithographie, 7 couleurs.
    Volume in-4°, cartonné... 4 20

LE LIVRE D'OR DE L'INFANTERIE DE MARINE, par le capitaine d'infanterie de marine Victor Nicolas, officier d'académie — 2 volumes grand in-8° de 508 et 504 pages. ornés chacun de 4 gravures de Paul Léonnec 20 »

LE BAHUT, ALBUM DE SAINT-CYR. Texte et dessins de A. Lubet, gravure de H. Delaville. Magnifique ouvrage accompagné de 85 gravures sur bois, divers costumes de l'Ecole. — Volume in-4° de 210 pages, broché.... 15 »

LE DRAPEAU DU 27e D'INFANTERIE, par le lieutenant Carnot. ouvrage accompagné de 4 cartes en chromolithographie — Volume grand in-8°. 3 50

HISTORIQUE DU 75e D'INFANTERIE, fait sous la direction du colonel Pédoya, commandant le 75e, d'après les documents puisés au ministère de la guerre, par le capitaine Gérôme, ancien lieutenant au 75e (1674 1888). — Volume in-8° broché de 288 pages.... .... 4 »
    Edition sur beau papier vélin............................... 5 »

HISTORIQUE DU 92e DE LIGNE, illustré de gravures coloriées hors texte — Volume grand in-8° de 400 pages................................. 20 »

HISTORIQUE DU 95e RÉGIMENT TERRITORIAL D'INFANTERIE, par Charles Prevot, capitaine au corps. — Volume in-8° de 196 pages .... 3 »

LES CHASSEURS A PIED, par le lieutenant Richard, du 20e bataillon. Magnifique ouvrage orné de nombreuses gravures, lettres à sujets et culs-de-lampe. — Volume grand in-8° raisin de 512 pages, broché.............. 10 »
    Edition de luxe. couverture soie.
    10 exemplaires sur papier Japon, numérotés à la presse de 1 à 10. 50 »
    20 exempl. sur papier Hollande, numérotés à la presse de 11 à 30. 25 »

ÉTUDE SUR L'HISTORIQUE DES CHASSEURS A PIED. — Br. in 8° de 68 p .. 1 25

HISTORIQUE DU 28e BATAILLON DE CHASSEURS A PIED, bataillon alpin, rédigé par M. le lieutenant Perreau, par ordre du commandant Michel et d'après les travaux de MM. Euvrard, capitaine, Courtin et Houdin. lieutenants au 28e bataillon. — Volume in-18 de 72 pages................... 1 »

Le catalogue général est envoyé franco à toute personne qui en fait la demande.

www.ingramcontent.com/pod-product-compliance
Lightning Source LLC
LaVergne TN
LVHW052011080426
835513LV00010B/1170